Keto BBQ Kochbuch Für Einsteiger

Schnelle Und Super Leckere Ketogene Rezepte, Um Das Grillen Zu Meistern Und Es Mit Familie Und Freunden Zu Genießen

Nathan King - Stefan Berger

Hinweis auf den Haftungsausschluss:

Bitte beachten Sie, dass die in diesem Dokument enthaltenen Informationen nur zu Bildungs- und Unterhaltungszwecken dienen. Alle Anstrengungen wurden unternommen, um genaue, aktuelle und zuverlässige und vollständige Informationen zu präsentieren. Es werden keine Garantien jeglicher Art erklärt oder impliziert. Die Leser erkennen an, dass der Autor sich nicht an der rechtlichen, finanziellen, medizinischen oder professionellen Beratung beteiligt. Der Inhalt dieses Buches wurde aus verschiedenen Quellen abgeleitet. Bitte wenden Sie sich an einen lizenzierten Fachmann, bevor Sie die in diesem Buch beschriebenen Techniken ausprobieren.

Mit der Lektüre dieses Dokuments erklärt sich der Leser damit einverstanden, dass der Autor unter keinen Umständen für direkte oder indirekte Verluste verantwortlich ist, die durch die Verwendung der in diesem Dokument enthaltenen

Informationen entstehen, einschließlich, aber nicht beschränkt

auf Fehler, Auslassungen oder Ungenauigkeiten.

Inhaltsverzeichnis

Einleitung

Vielen Dank für den Kauf *Keto BBQ Kochbuch Für Einsteiger: Schnelle Und Super Leckere Ketogene Rezepte, Um Das Grillen Zu Meistern Und Es Mit Familie Und Freunden Zu Genießen*

Eine alte Methode des Kochens, die von einer unvermeidlichen Notwendigkeit in eine angenehme Gelegenheit für Mittag- oder Abendessen mit Freunden unter freiem Himmel verwandelt wurde. Der Grill ist die beste Kochmethode, um den authentischen Geschmack von Fleisch zu schätzen und heute werden wir zusammen die Kochtechniken sehen, welche Grill zu verwenden, die idealen Arten von Fleisch zuzubereiten und sogar, wie man Pizza auf diesem Herd zu kochen. Es gibt viele Grillrezepte, die wir vorschlagen können, für einzigartige Gerichte und majestätische Hauptgerichte, bis zu einem ungewöhnlichen Dessert.

Chicken & Beef Rezepte

Honig gebacken Senf Huhn

Zubereitungszeit: 15 Minuten

Kochzeit: 35 Minuten

Portionen: 4

Zutaten:

• 4 knochenlose, hautlose Hähnchenbrust (je 4 Unzen)

• 1 EL körniger Senf

• 4 EL Honig

• 1/2 TL weißer Essig

• 1/2 TL Paprika

• 2 EL. Dijon-Senf

• 1 EL + 2 TL Olivenöl

• 1 TL Salz

• 1 TL gemahlener schwarzer Pfeffer oder nach Geschmack

• 1 EL frisch gehackte Petersilie

• 1 TL getrocknetes Basilikum

Wegbeschreibungen:

1.Den Traeger-Grill auf 375°F vorheizen, wobei der Deckel 15

Minuten geschlossen ist.

2.Grease eine Backform mit einem Antihaft-Kochspray.

3.Saison beide Seiten der Hähnchenbrust mit Pfeffer und Salz.

4.Legen Sie eine gusseiserne Pfanne auf den Grill und fügen

Sie 2 TL Olivenöl hinzu.

5.Sobald das Öl heiß ist, fügen Sie die gewürzte Hühnerbrust,

sauté, bis beide Seiten der Hähnchenbrust gebräunt sind.

6.Verwenden Sie einen geschlitzten Löffel, um die gebratene

Hähnchenbrust auf einen mit Papiertuch gefütterten Teller zu

übertragen.

7.Kombinieren Sie den Dijon Senf, Honig, Essig, Basilikum,

körnigen Senf, Restöl, Paprika in einer Mischschüssel.

Mischen, bis die Zutaten gut kombiniert sind.

8.Die Hälfte der Honigmischung in die vorbereitete Backform

geben, verteilen, um den Boden der Schale zu bedecken.

9.Die Hähnchenbrust in die Schale geben und die restliche

Honigmischung über das Huhn gießen.

10.Bedecken Sie die Backform mit Folie und legen Sie sie auf

den Grill. Kochen Sie auf Grill für ca. 20 Minuten.

11.Entfernen Sie die Folienabdeckung und kochen Sie,

ungedeckt, für 15 Minuten.

12.Entfernen Sie die Backform vom Grill und lassen Sie das

Huhn für ein paar Minuten abkühlen.

Ernährung:

• Kalorien: 320

• Fett 12.4g

• Kohlenhydrate: 18.5g

• Faser: 0.6g

• Protein: 33.4g

Herb Geräuchertes Huhn

Zubereitungszeit: 10 Minuten

Kochzeit: 16 Minuten

Portionen: 6

Zutaten:

- 3 EL Olivenöl

- 1 TL Thymian

- 1 TL gemahlener schwarzer Pfeffer oder nach Geschmack

- 4 EL frisch gepresster Zitronensaft

- 1 EL Zitronenschale

- 1 EL frisch gehackte Petersilie

- 1 TL Salz oder Geschmack

- 1 EL gehackter Rosmarin

- 2 EL frisch gehackter Koriander

- 6 knochenlose Hähnchenbrust

Wegbeschreibungen:

1.In eine große Rührschüssel, kombinieren Sie Thymian, Öl, Pfeffer, Saft, Zitronenschale, Petersilie, Rosmarin, Koriander und Salz. Fügen Sie die Hühnerbrust und den Toss zu kombinieren. Die Mischschüssel abdecken und 1 Stunde kühl kühlen.

2.Entfernen Sie die Hühnerbrust aus der Marinade und lassen Sie sie für ein paar Minuten ruhen, bis es bei Raumtemperatur ist.

3.Starten Sie Ihren Grill auf Rauch, so dass der Deckel für 5 Minuten geöffnet oder bis das Feuer beginnt.

4.Schließen Sie den Deckel und heizen Sie den Grill auf 450°F vor, wobei der Deckel für 10-15 Minuten geschlossen ist, mit Mesquite Traegers.

5.Ordnen Sie die Hähnchenbrust auf den Grill rostig und rauchen für 16 Minuten, 8 Minuten pro Seite, oder bis die Innentemperatur des Huhns erreicht 165°F.

6.Entfernen Sie die Hähnchenbrust vom Grill und lassen Sie sie für ein paar Minuten ruhen.

7.Serve und Top mit Ihrer Lieblingssauce.

Ernährung:

- Kalorien: 207

- Fett 11.2g

- Kohlenhydrate 1.2g

- Faser: 0.5g

- Protein: 25.2g

Traeger Blatt Pan Huhn Fajitas

Zubereitungszeit: 10 Minuten Kochzeit: 10 Minuten

Portionen: 10

Zutaten:

•2 Pfund Hühnerbrust

•1 Zwiebel, in Scheiben geschnitten

•1 rote Paprika, entkernt und in Scheiben geschnitten

•1 orange-rote Paprika, entkernt und in Scheiben geschnitten

•1 EL Salz

•1/2 EL Zwiebelpulver

•1/2 EL granulierter Knoblauch

•2 EL Gewürztot Chile Margarita Würze

•2 EL Öl

Wegbeschreibungen:

1.Traeger auf 450°F vorheizen und ein Backblech mit Pergamentpapier auslegen. In einer Rührschüssel Gewürze und Öl kombinieren und dann mit den Paprika und Huhn werfen.

2.Stellen Sie das Backblech in den Traeger und lassen Sie die Hitze für 10 Minuten mit dem Deckel geschlossen.

3.Öffnen Sie den Deckel und legen Sie das Gemüse und das Huhn in einer einzigen Schicht. Schließen Sie den Deckel und kochen Sie für 10 Minuten oder bis das Huhn nicht mehr rosa ist.

4.Serve mit warmen Tortillas und Top mit Ihren Lieblings-Toppings.

Ernährung:Kalorien: 211, Fett: 6g, Protein: 29g, Ballaststoffe: 1g, Natrium: 360mg

Traeger Asiatische Miso Hühnerflügel

Zubereitungszeit: 15 Minuten

Kochzeit: 25 Minuten

Portionen: 6

Zutaten:

• 2 Pfund Hühnerflügel

• 3/4 Tasse Soja

• 1/2 Tasse Ananassaft

• 1 EL sriracha

• 1/8 Tasse Miso

• 1/8 Tasse Gochujang

• 1/2 Tasse Wasser

• 1/2 Tasse Öl

• Togarashi

Wegbeschreibungen:

1. Den Traeger auf 375°F vorheizen

2. Kombinieren Sie alle Zutaten außer Togarashi in einer

Ziploc Tasche. Werfen, bis die Hühnerflügel gut beschichtet

sind. Kühlen Sie für 12 Stunden Schritt die Flügel auf dem Grill Rost und schließen Sie den Deckel. Kochen Sie für 25 Minuten oder bis die Innentemperatur 165°F erreicht

Entfernen Sie die Flügel von der Traeger und bestreuen Togarashi.

Ernährung:Kalorien: 703, Fett: 56g, Protein: 27g, Ballaststoffe: 1g, Natrium: 1156mg

Huhn Fajitas auf einem Traeger Grill

Zubereitungszeit: 10 Minuten

Kochzeit: 40 Minuten Portionen: 1

Zutaten:

• 2 lbs. Hühnerbrust, dünn geschnitten

• 1 große rote Paprika

• 1 große Zwiebel

• 1 große Orange Paprika

• Gewürzmischung

• 2 EL. Öl

• 1/2 EL. Zwiebelpulver

• 1/2 EL. Granulierter Knoblauch

• 1 EL Salz

Wegbeschreibungen:

1. Den Grill auf 450°F vorheizen.

2. Mix die Gewürze und Öl.

3. Fügen Sie die Hühnerscheiben in die Mischung.

4. Line eine große Pfanne mit einem Antihaft-Backblech.

5.Lassen Sie die Pfanne für 10 Minuten erhitzen.

6.Stellen Sie das Huhn, Paprika und anderes Gemüse auf den Grill. Grill für 10 Minuten oder bis das Huhn gekocht ist.

7.Entfernen Sie es vom Grill und servieren Sie mit warmen Tortillas und Gemüse.

Ernährung: Kohlenhydrate: 5 g Protein: 29 g Fett: 6 g Natrium: 360 mg Cholesterin: 77 mg

Chicken Wings in Traegers

Zubereitungszeit: 10 Minuten

Kochzeit: 50 Minuten

Portionen: 1

Zutaten:

• 6–8 lbs. Hühnerflügel

• 1-3 Tasse Rapsöl

• 1 EL Barbeque GewürzMischung

Wegbeschreibungen:

1.Kombinieren Sie die Gewürze und Öl in einer großen

Schüssel.

2.Put die Hühnerflügel in der Schüssel und gut mischen.

3.Drehen Sie Ihren Traeger auf die "Rauch"-Einstellung und

lassen Sie ihn für 4-5 Minuten eingeschaltet.

4.Stellen Sie die Hitze auf 350°F und lassen Sie es für 15

Minuten vorheizen, wenn der Deckel geschlossen ist.

5.Stellen Sie die Flügel auf den Grill mit genügend Platz

zwischen den Stücken.

6.Lassen Sie es für 45 Minuten kochen oder bis die Haut

knusprig aussieht.

7.Entfernen Sie vom Grill und servieren Sie mit Ihrer Wahl der

Seiten.

Ernährung:

•Protein: 33 g

•Fett: 8 g

•Natrium: 134 mg

•Cholesterin: 141 mg

Geräuchertes Rindfleisch Churl Barbecue

Zubereitungszeit: 20 Minuten

Kochzeit: 4 Stunden

Portionen: 10

Zutaten:

• 1 5 Pfund-Rind-Chuck-Brötchen

• 5 EL gemahlene schwarze Pfefferkörner

• 1/4 Tasse koscheres Salz

Wegbeschreibungen:

1. Kombinieren Sie Salz und schwarze Pfefferkörner in einer Schüssel. Mischen Sie, bis kombiniert.

2. Reiben Sie das Rinderfutter mit der Gewürzmischung und legen Sie es dann beiseite.

3. Einen Grill bei mittlerer Hitze ca. 10 Minuten vorheizen.

4. Stellen Sie die Holzkohle auf den Grill und warten Sie dann, bis der Grill 135 °C erreicht.

5.Wrap das Rindfleisch mit Aluminiumfolie dann auf dem Grill platzieren. Halten Sie die Temperatur des Grills auf 135 °C

6.Kochen Sie das Rinderfutter für 5 Stunden.

7.Wenn das geräucherte Rindfleisch fertig ist, nehmen Sie das geräucherte Rindfleisch aus dem Grill und lassen Sie es dann für ein paar Minuten abkühlen.

8.Schneiden Sie das geräucherte Rindfleisch in dünne Scheiben und serviert dann mit jeder Art von geröstetem Gemüse, wie Sie es wünschen.

Ernährung:

•Kalorien: 230 Kohlenhydrate: 22g Fett: 9g Protein: 15g

Honig glasiertes geräuchertes Rindfleisch

Zubereitungszeit: 10 Minuten Kochzeit: 8 Stunden

Portionen: 10 Zutaten:

•1 6-Pfund-Rindfleisch-Brisket

•2 1/2 EL Salz

•2 1/2 EL Pfeffer

•3/4 Tasse Barbecue-Sauce

•3 EL Rotwein

•3 EL.raw Honig

Wegbeschreibungen:

1.Den Raucher auf 107°C vorheizen. Die Holzkohle auf einer

Seite verteilen.

2.In der Zwischenzeit reiben Sie das Rindfleisch brisket mit

Salz, Pfeffer und Barbecue-Sauce.

3.Wenn der Raucher die gewünschte Temperatur erreicht hat,

legen Sie das Brisket auf den Grill mit der Fettseite nach oben.

Spritzen Sie Rotwein über Rindfleisch brisket.

4.Rauchen Sie das Rindfleisch brisket für 8 Stunden.

Überprüfen Sie den Raucher alle 2 Stunden und fügen Sie

mehr Holzkohle, wenn es notwendig ist.

5.Sobald es fertig ist, nehmen Sie das geräucherte Rindfleisch

brisket aus dem Raucher dann überträgt es auf eine

Servierschüssel.

6.Drizzle rohen Honig über das Rindfleisch und lassen Sie es

für etwa eine Stunde vor dem Schneiden sitzen. Mit

geröstetem oder sautiertem Gemüse nach Ihren Wünschen

servieren.

Ernährung: Kalorien: 90 Kohlenhydrate: 8g Fett: 1g Protein:

11g Schweinefleisch Rezepte

Schweinebauch verbrannte Enden

Zubereitungszeit: 30 Minuten Kochzeit: 6 Stunden

Portionen: 8 bis 10 Zutaten:

•1 (3-Pfund) hautloser Schweinebauch (wenn nicht bereits gehäutet, verwenden Sie ein scharfes Boning Messer, um die Haut aus dem Bauch zu entfernen), in 11,2 bis 2-Zoll-Würfel geschnitten

•1 Charge Süßbrauner Zucker: Reiben

•1/2 Tasse Honig

•1 Tasse Bill es Best BBQ Sauce

•2 EL hellbrauner Zucker

Wegbeschreibungen:

1.Beliefern Sie Ihren Raucher mit einem Traeger und folgen Sie dem spezifischen Anlaufverfahren des Herstellers. Den Grill mit geschlossenem Deckel auf 250°F vorheizen.

2.Generously Würzen Sie die Schweinebauchwürfel mit dem Reiben. Mit den Händen, arbeiten Sie die Reiben in das Fleisch

3.Stellen Sie die Schweinewürfel direkt auf den Grillrost und rauchen, bis ihre Innentemperatur 195°F erreicht.

4.Übertragen Sie die Würfel vom Grill auf eine Aluminiumwanne. Fügen Sie den Honig, Grillsauce und braunen Zucker. Rühren, um das Schweinefleisch zu kombinieren und zu beschichten.

5.Stellen Sie die Pfanne in den Grill und rauchen Sie das Schweinefleisch für 1 Stunde, ungedeckt. Entfernen Sie das Schweinefleisch vom Grill und servieren Sie es sofort.

Ernährung: Kalorien: 1301 Fett: 124g Gesättigte Fettsäuren: 46g

Cajun Doppelt geräucherter Schinken

Zubereitungszeit: 20 Minuten

Kochzeit: 4 bis 5 Stunden

Portionen: 10 bis 12

Zutaten:

•1 (5 oder 6-Pfund) Knochen-in geräucherten Schinken

•1 Charge Cajun Rub

•3 EL Honig

Wegbeschreibungen:

1.Beliefern Sie Ihren Raucher mit einem Traeger und folgen Sie dem spezifischen Anlaufverfahren des Herstellers. Den Grill mit geschlossenem Deckel auf 225°F vorheizen.

2.Großzügig den Schinken mit dem Reiben würzen und entweder in einer Pfanne oder direkt auf den Grillrost legen. Rauchen Sie es für 1 Stunde.

3.Drizzle den Honig über den Schinken und weiter zu rauchen, bis die innere Temperatur des Schinkens erreicht 145°F.

4.Entfernen Sie den Schinken vom Grill und lassen Sie ihn für 5 bis 10 Minuten vor dem dünnen Schneiden und Servieren ruhen.

Ernährung:

•Kalorien: 60

•Gesättigtes Fett: 0.5g

•Cholesterin: 25mg

•Kohlenhydrate 2g

Speck gegrillter Käse Sandwich

Zubereitungszeit: 15 Minuten Kochzeit: 5 Minuten

Portionen: 4 Zutaten:

• 1 Pfund Apfelholz geräucherte Speckscheiben, gekocht

• 8 Scheiben Texas Toast

• 16 Scheiben Cheddar-Käse

• Mayonnaise

• Butter

Wegbeschreibungen:

1.Wenn bereit zu kochen, stellen Sie die Temperatur auf 350°F

und vorheizen, Deckel für 15 Minuten geschlossen.

2.Spread ein wenig Mayonnaise auf jedem Stück Brot, legen

Sie 1 Stück Cheddar auf eine Scheibe dann top mit ein paar

Scheiben Speck. Fügen Sie eine weitere Scheibe Käse, dann

oben mit dem anderen Stück Brot. Weiche Butter auf der

Außenseite des oberen Brotstücks verteilen.

3.Wenn der Grill heiß ist, legen Sie den gegrillten Käse direkt

auf eine gereinigte, geölte Grillrost gebuttert Seite nach unten.

Dann weiche Butter auf der Außenseite der oberen Scheibe verteilen.

4.Kochen Sie den gegrillten Käse auf der ersten Seite für 5-7 Minuten, bis Grillmarken entwickeln und der Käse begonnen hat zu schmelzen. Drehen Sie das Sandwich und wiederholen Sie auf der anderen Seite.

5.Entfernen Sie vom Grill, wenn der Käse geschmolzen ist, und das Äußere ist leicht geröstet. Genießen!

Ernährung: Kalorien: 500 Kohlenhydrate: 30g Fett: 29g Protein: 28g

Apfelcider geschmort geräuchert BBQ Pulled Pork

Zubereitungszeit: 20 Minuten

Kochzeit: 6 bis 7 Stunden

Portionen: 4

Zutaten:

• 7–9 lb. Knochen-in Schweinehintere/Schulterbraten

Reiben

• 4 EL brauner Zucker

• 1 EL Knoblauchpulver

• 1 EL Zwiebelpulver

• 1 EL koscheres Salz

• 1/2 EL Pfeffer

• 1,5 EL geräucherter Paprika

• 2 TL trockener Senf

• 1 EL Koriander

• 1 EL Chilipulver

Spray

- 1/2 Tasse Apfelwein

- 1/2 Tasse Apfelessig

Schmoren

- 2 Tassen Apfelwein

- 3-4 süße, knackige rote Äpfel, geschält und in Scheiben geschnitten

- 2 Zwiebeln, in Scheiben geschnitten

Sauce

- 1 Tasse Ketchup

- 1/2 Tasse Apfelgelee

- 1/4 Tasse Apfelwein

- 1 EL Apfelessig

- 1 TL flüssiger Rauch

- 1/2 EL. Worcestershire Sauce

- 1 TL Chilipulver

- 1/2 TL Zwiebelpulver

- 1 Tasse PfanneNsäfte aus dem Braten (Fett getrennt)

Wegbeschreibungen:

1.Pat Braten trocken. Kombinieren Sie alle Reiben Zutaten und

ein Klopfen auf allen Seiten des Bratens, reiben gut. Decken

Sie braten und lassen Sie über Nacht im Kühlschrank sitzen.

2.Wenn bereit zu kochen, vorheizen Raucher auf 225 °F und

Rauch braten direkt auf dem Grill für 5 Stunden. Beim Kochen

Sprühzutaten in einer sauberen Sprühflasche kombinieren

und einmal pro Stunde braten.

3.Während Braten raucht, kombinieren Sie alle Sauce Zutaten

und schneebringen sie zusammen in einer Pfanne. Beiseite

stellen, bis Pfannensäfte fertig sind.

4.Nach dem Rauchen, übertragen Sie Ihren Braten entweder

auf Ihren langsamen Herd (wenn es passt, denken Sie daran,

dass Sie mehr Sachen haben, die dort hineingehen!) oder eine

Bratpfanne oder Einweg-Röstpfanne (wenn Sie weiter auf

dem Raucher kochen.)

5.Stellen Sie Äpfel, Zwiebeln und 2 Tassen Apfelwein um den

Braten in der Bratpfanne. Mit einem Deckel oder fest mit Folie

abdecken. Kochen Sie im langsamen Herd auf hoch für 6-7

Stunden (oder niedrig für mehr wie 8-10, wenn Sie wollen /

müssen es herausziehen, zum Beispiel über Nacht.) Wenn Sie

im Ofen kochen, stellen Sie die Temperatur auf 275 °F ein. Im

Raucher können Sie auch die Temperatur auf 275°F erhöhen.

Kochen, bis die Innentemperatur 200-210 Grad erreicht, in der

Regel etwa 6-7 Stunden.

6.Lassen Sie Schweinefleisch ruhen, bedeckt für mindestens 15

Minuten (länger ist in Ordnung), bevor Knochen zu

entsorgen, Fett zu trennen, etc.

7.Gießen Sie Pfannensäfte in einen Fettabscheider. Gießen Sie

1 Tasse Säfte in Ihre BBQ-Sauce und zum Kochen bringen.

Etwa 15 Minuten köcheln lassen, bis sie leicht verdickt sind.

8.Gießen Sie ein wenig von den restlichen Säften über

geschreddertes Schweinefleisch. Verwenden Sie einen

geschlitzten Löffel, um die Zwiebeln und Äpfel zu greifen und

mischen Sie sie mit dem Schweinefleisch. Allein oder auf

Brötchen oder über Reis servieren. Gefriert toll! Ausgezeichnet

auf Nachos, Pizza und vieles mehr.

Ernährung:

- Kalorien: 426;

- Protein: 65.3g;

- Kohlenhydrate: 20.4g;

- Fett: 8.4g

- Zucker: 17.8g

Geschmortes Schweinefleisch Chile Verde

Zubereitungszeit: 10 Minuten

Kochzeit: 40 Minuten

Portionen: 6

Zutaten:

•3 Pfund Schweineschulter, Knochen entfernt und in 1/2 Zoll

Würfel geschnitten

•1 EL Allzweckmehl

•Salz und Pfeffer nach Geschmack

•1-Pfund-Tomatillos, geschält und gewaschen

•2 Jalapenos, gehackt

•1 mittelgroße gelbe Zwiebel, geschält und in Stücke

geschnitten

•4 Knoblauchzehen

•4 EL natives Olivenöl extra

•2 Tasse Hühnerbrühe

•2 Dosen grüne Chilischoten

•1 EL Kreuzkümmel

• 1 EL Oregano

• 1/2 Limette, entsaftet

• 1/4 Tasse Koriander

Wegbeschreibungen:

1. Legen Sie die SchweineschulterStücke in eine Schüssel und werfen Sie mit Mehl -Saison mit Salz und Pfeffer nach Geschmack.

2. Verwenden Sie den gewünschten Traeger beim Kochen. Legen Sie eine große gusseiserne Pfanne auf das untere Rack des Grills. Schließen Sie den Deckel und heizen Sie 15 Minuten vor.

3. Legen Sie die Tomatillos, Jalapeno, Zwiebel und Knoblauch auf ein Blatt Tablett mit Folie ausgekleidet und Nieselregen mit zwei EL Olivenöl - Saison mit Salz und Pfeffer nach Geschmack.

4. Legen Sie das restliche Olivenöl in die erhitzte Gusseisenpfanne und kochen Sie die Schweineschulter. Das Fleisch gleichmäßig verteilen, dann schließen.

5.Vor dem Schließen des Deckels, legen Sie das Gemüse in das Tablett auf dem Grillständer. Schließen Sie den Deckel des Grills.

6.Cook für 20 Minuten, ohne den Deckel zu öffnen oder das Schweinefleisch zu rühren. Nach 20 Minuten das Gemüse vom Grill nehmen und in einen Mixer geben. Pulsieren, bis glatt und gießen Sie in die Pfanne mit dem Schweinefleisch. Hühnerbrühe, grüne Chilischoten, Kreuzkümmel, Oregano und Limettensaft unterrühren – mit Salz und Pfeffer abschmecken. Schließen Sie den Grilldeckel und kochen Sie weitere 20 Minuten. Nach dem Kochen den Koriander unterrühren.

Ernährung:

•Kalorien: 389

•Protein: 28.5g

•Kohlenhydrate: 4.5g

•Fett: 24.3g

•Zucker: 2.1g

BQ Pulled Pork Sandwiches

Zubereitungszeit: 10 Minuten

Kochzeit: 1 Stunde 30 Minuten

Portionen: 6

Zutaten:

•8–10 lbs. Knochen-in Schweine-Hinternbraten

•12 Kaiser Rolls

•1 Tasse gelber Senf

•Coleslaw

•1 Flasche BBQ-Sauce

•5 Unzen. Zucker

Wegbeschreibungen

1.Drücken Sie die Temperatur auf 225 °F und stellen Sie Ihren

Raucher auf

2.Jetzt nehmen Sie den Schweinebraten aus der Verpackung

und halten Sie es auf einem Cookie-Blatt

3.Rub es gründlich mit gelbem Senf

4.Jetzt nehmen Sie eine Schüssel und mischen Sie die BBQ-Sauce zusammen mit Zucker in ihm

5.Verwenden Sie diese Mischung, um den Braten gründlich zu reiben und geben Zeit für die Reibe innen zu sickern und im Fleisch schmelzen

6.Jetzt diesen Braten in den Raucher legen und es 6 Stunden kochen lassen

7.Wenn sie fertig sind, entfernen Sie sie vom Raucher und

8.dann in Zinnfolie wickeln

9.Drücken Sie die Temperatur auf 250°F und kochen Sie es für ein paar Stunden. Die Innentemperatur sollte 200°F erreichen

10.Lassen Sie den Schweinehintern eine Stunde in der Folie ruhen, bevor Sie ihn herausziehen

11.Jetzt die Kaiserrolle nehmen und halbieren

12.Mix das gezogene Schweinefleisch mit etwas BBQ-Sauce und Stapel auf der Oberseite jeder halbierten Rolle

13.Top es mit coleslaw und dienen

Ernährung:

- Kalorien: 426

- Protein: 65.3g

- Kohlenhydrate: 20.4g

- Fett: 8.4g

- Zucker: 17.8g

Bourbon Honig glasierte geräucherte Schweinerippen

Zubereitungszeit: 15 Minuten

Kochzeit: 5 Stunden Portionen: 10

Zutaten:

• Schweinerippen (4 lbs., 1.8-kg.)

Die Marinade

• 1 1/2 Tassen Apfelsaft

• 1/2 Tasse Gelber Senf

The Rub

• 1/4 Tasse Braunzucker

• 1 EL Geräucherter Paprika

• 3/4 EL. Zwiebelpulver

• 3/4 EL. Knoblauchpulver

• 1 TL Chilipulver

• 3/4 TL. Cayennepfeffer

• 1 1/2 TL. Salz

Die Glasur

- 2 EL. Ungesalzene Butter

- 1/4 Tasse Honig

- 3 EL. Bourbon

Wegbeschreibungen:

1. Apfelsaft und gelben Senf in eine Schüssel geben, dann rühren, bis kombiniert.

2. Apply die Mischung über die Schweinerippen, dann mariniert für mindestens eine Stunde.

3. In der Zwischenzeit braunen Zucker kombinieren: mit geräuchertem Paprika, Zwiebelpulver, Knoblauchpulver, Chilipulver, schwarzem Pfeffer, Cayennepfeffer und Salz, dann gut vermischen.

4. Nach einer Stunde der Marinade, streuen Sie die trockene Gewürzmischung über die marinierten Schweinerippen, dann lassen Sie es für ein paar Minuten ruhen.

5. Stecken Sie den Traeger GrillRaucher, dann füllen Sie den Trichter mit dem Holzpellet. Schalten Sie den Schalter ein.

6.Stellen Sie den Traeger-Raucher für indirekte Wärme ein und stellen Sie dann die Temperatur auf 121 °C ein.

7.Wenn der Traeger Raucher bereit ist, legen Sie die gewürzten Schweinerippen in den Traeger Raucher und rauchen für 3 Stunden.

8.In der Zwischenzeit ungesalzene Butter in einen Topf geben, dann bei sehr geringer Hitze schmelzen. Sobald es geschmolzen ist, entfernen Sie es von der Hitze, und fügen Sie dann Honig und Bourbon in den Topf. Rühren, bis sie eingearbeitet und beiseite gelegt werden. Nach 3 Stunden Rauchen die Honig-Bourbon-Mischung über die Schweinerippen basten und mit Aluminiumfolie umwickeln.

9.Geben Sie die gewickelten Schweinerippen an den Traeger Raucher zurück und rauchen Sie weitere 2 Stunden.

10.Sobald die geräucherten Schweinerippen 63°C erreichen, entfernen Sie die geräucherten Schweinerippen aus dem Traeger Grillraucher.

11.Wrap die geräucherten Schweinerippen und servieren.

Ernährung: Kalorien: 313 Kohlenhydrate: 5g Fett: 20g Protein: 26g

BBQ Spareribs mit Mandarin Glasur

Zubereitungszeit: 10 Minuten

Kochzeit: 60 Minuten

Portionen: 6

Zutaten:

• 3 große Spareribs, Membran entfernt

• 3 EL gelber Senf

• 1 EL Worcestershire Sauce

• 1 Tasse Honig

• 1 1/2 Tasse braun Zucker:

• 13 Unzen Traeger Mandarin Glasur

• 1 TL Sesamöl

• 1 TL Sojasauce

• 1 TL Knoblauchpulver

Wegbeschreibungen:

1.Stellen Sie die Spareribs auf eine Arbeitsfläche und

entfernen Sie vorsichtig die Bindegewebsmembran, die die

Rippen bedeckt.

2.In eine weitere Schüssel, mischen Sie den Rest der Zutaten, bis gut kombiniert.

3.Massieren Sie die Gewürzmischung auf die Spareribs. Mindestens 3 Stunden im Kühlschrank ruhen lassen.

4.Wenn bereit zu kochen, feuern Sie den Traeger Grill auf 300°F.

5.Verwenden Sie Hickory Traeger beim Kochen der Rippen.

6.Schließen Sie den Deckel und vorheizen Für 15 Minuten.

7.Stellen Sie die gewürzten Rippen auf den Grillrost und bedecken Sie den Deckel.

8.Kochen für 60 Minuten.

9.Nach dem Kochen, ruhen lassen, bevor Sie schneiden.

Ernährung:

•Kalorien: 1263

•Protein: 36.9g

•Kohlenhydrate: 110.3g

•Fett. 76.8g

•Zucker: 107g

Geräucherte Schweinewurst

Zubereitungszeit: 10 Minuten

Kochzeit: 1 Stunde

Portionen: 6

Zutaten:

• 3 Pfund gemahlenes Schweinefleisch

• 1/2 EL gemahlener Senf

• 1 EL Zwiebelpulver

• 1 EL Knoblauchpulver

• 1 TL rosa Härtesalz

• 1 TL Salz

• 1 TL schwarzer Pfeffer

• 1/4 Tasse Eiswasser

• Schweinegehäuse, eingeweicht und in kaltem Wasser gespült

Wegbeschreibungen:

1.Mischen Sie alle Zutaten mit Ausnahme der Schweinedärme in einer Schüssel. Mischen Sie mit Ihren Händen, bis alle Zutaten gut kombiniert sind.

2.Mit einem Wurst-Stuffer, stopfen Sie die Schweinedärme mit der Schweinemischung.

3.Messen Sie 4 Zoll des gefüllten Schweinegehäuses und drehen Sie sich zu einer Wurst. Wiederholen Sie den Vorgang, bis Sie Wurstlinks erstellen.

4.Wenn sie bereit zum Kochen sind, feuern Sie den Traeger Grill auf 225°F. Verwenden Sie Apfeltraeger beim Kochen der Rippen. Schließen Sie den Deckel und heizen Sie 15 Minuten vor.

5.Stellen Sie die Wurstglieder auf den Grillrost und kochen Sie für 1 Stunde oder bis die Innentemperatur bei 155°F liest.

6.Ruhe vor dem Schneiden zulassen.

Ernährung:

• Kaloricn: 688

• Protein: 58,9 g

- Kohlenhydrate: 2.7g

- Fett: 47.3g

- Zucker: 0.2g

SaftigeBierdose Türkei

Zubereitungszeit: 20 Minuten

Kochzeit: 6 Stunden

Portionen: 6-8

Zutaten:

Für die Reibe

• 4 Knoblauchzehen, gehackt

• 2 TL trockener Bodensenf

• 2 TL geräucherter Paprika

• 2 TL Salz

• 2 TL frisch gemahlener schwarzer Pfeffer

• 1 TL gemahlener Kreuzkümmel

• 1 TL gemahlener Kurkuma

• 1 TL Zwiebelpulver

• 1/2 TL. Zucker

Für den Truthahn

• (10-Pfund) frischer, kompletter Truthahn, Hals, Giebel und

Gizzard entfernt und entsorgt

- EL Olivenöl

- 1 große, breite Dose Bier, wie Foster es

- 4 getrocknete Lorbeerblätter

- 2 TL gemahlener Salbei

- 2 TL getrockneter Thymian

- 1/4 Tasse (1/2 Stick) ungesalzene Butter, geschmolzen

Wegbeschreibungen:

Um die Reibe

1. Nach dem spezifischen Anlaufverfahren des Herstellers den Raucher auf 250°F vorheizen und Kirsch-, Pfirsich- oder Aprikosenholz hinzufügen.

2. In einer kleinen Schüssel Knoblauch, Senf, Paprika, Salz, Pfeffer, Kreuzkümmel, Kurkuma, Zwiebelpulver und Zucker zusammenrühren.

Um den Truthahn zu machen

1. Reiben Sie den Truthahn innen und außen mit Olivenöl.

2. Apply das Gewürz reiben über den Truthahn.

3. Pour out oder trinken 12 Unzen des Bieres.

4.Mit einem Dosenöffner, entfernen Sie die gesamte Oberseite der Bierdose.

5.Fügen Sie die Lorbeerblätter, Salbei und Thymian zum Bier.

6.Stellen Sie die Dose Bier aufrecht auf den Raucherrost. Passen Sie den Truthahn vorsichtig darüber an, bis sich die gesamte Dose in der Höhle befindet und der Vogel von selbst steht. Stützen Sie die Beine nach vorne, um die Stabilität zu unterstützen.

7.Rauchen Sie den Truthahn für 6 Stunden, basting mit der Butter jede zweite Stunde.

8.Entfernen Sie den Truthahn von der Hitze, wenn die Haut gebräunt ist und die Innentemperatur 165°F registriert. Entfernen Sie die Bierdose sehr sorgfältig – es wird rutschig sein, und die Flüssigkeit im Inneren extrem heiß. Entsorgen Sie die Flüssigkeit und recyceln Sie die Dose.

9.Lassen Sie den Truthahn für 20 Minuten vor dem Schnitzen ruhen.

Ernährung: Kalorien: 300 Fett: 12g Kohlenhydrate: 1g

Ballaststoffe: 0g Protein: 42g

Buttered Thanksgiving Türkei

Zubereitungszeit: 25 Minuten Kochzeit: 5 oder 6 Stunden

Portionen: 12 bis 14 Zutaten:

•1 ganzer Truthahn (stellen Sie sicher, dass der Truthahn

nicht vorgebrined ist)

•2 Chargen Knoblauchbutter injizierbar

•3 EL Olivenöl

•1 Charge Chicken Rub

•2 EL Butter

Wegbeschreibungen:

1.Beliefern Sie Ihren Raucher mit Traegern und folgen Sie dem

spezifischen Anlaufverfahren des Herstellers. Den Grill mit

geschlossenem Deckel auf 180°F vorheizen.

2.Injizieren Sie den Truthahn durchgängig mit der

Knoblauchbutter injizierbar. Den Truthahn mit Olivenöl

überziehen und mit dem Reiben würzen. Mit den Händen,

reiben Sie die Reiben in das Fleisch und die Haut.

3.Stellen Sie den Truthahn direkt auf den Grill Rost und

Rauchen für 3 oder 4 Stunden (für einen 8- bis 12-Pfund-

Türkei, kochen für 3 Stunden; für einen Truthahn über 12

Pfund, kochen für 4 Stunden), basting es mit Butter jede

Stunde.

4.Erhöhen Sie die Grilltemperatur auf 375 °F und kochen Sie

weiter, bis die Innentemperatur des Truthahns 170 °F erreicht.

5.Entfernen Sie den Truthahn vom Grill und lassen Sie ihn für

10 Minuten ruhen, vor dem Schnitzen und Servieren.

Ernährung: Kalorien: 97cal Fett: 4 g Eiweiß: 13 g

Kohlenhydrate: 1 g Ballaststoffe: 0 g

Speck gewickelt Türkei Beine

Zubereitungszeit: 10 Minuten

Kochzeit: 3 Stunden

Portionen: 4-6

Zutaten:

• Gallonwasser

• traeger reiben, nach Geschmack

• 1/2 Tasse rosa Härtesalz

• 1/2 Tasse braun Zucker:

• 6 ganze Pfefferkörner

• 2 ganze getrocknete Lorbeerblätter

• 1/2 Gallone Eiswasser

• 8 ganze Putenbeine

• 16 in Scheiben geschnittener Speck

Wegbeschreibungen:

1.In einen großen Vorratstopf, mischen Sie eine Gallone Wasser, das Reiben, Heilsalz, braunen Zucker, Pfefferkörner und Lorbeerblätter.

2.Kochen Sie es bei großer Hitze, um das Salz und Zucker

aufzulösen: Granulat. Nehmen Sie die Hitze dann in 1/2

Gallone Eis und Wasser hinzufügen.

3.Die Sole muss mindestens auf Raumtemperatur, wenn nicht

kälter sein.

4.Legen Sie die Putenbeine, vollständig in der Sole versunken.

5.Nach 24 Stunden die Putenbeine abtropfen lassen und dann

die Sole entfernen.

6.Waschen Sie die Sole von den Beinen mit kaltem Wasser,

dann gründlich mit Papiertüchern trocknen.

7.Wenn bereit zu kochen, starten Sie den Traeger Grill nach

Grillanweisungen. Die Hitze auf 250°F einstellen und

vorheizen, Deckel für 10 bis 15 Minuten geschlossen.

8.Putenbeine direkt auf den Grillrost legen.

9.Nach 2 1/2 Stunden, wickeln Sie ein Stück Speck um jedes

Bein und beenden Sie das Kochen für 30 bis 40 Minuten des

Rauchens.

10.Die Gesamtraucherzeit für die Beine beträgt 3 Stunden oder

bis die Innentemperatur auf einem sofort ablesenden

Fleischthermometer 165°F erreicht. Servieren, Genießen!

Ernährung:

•Kalorien: 390

•Fett: 14g

•Gesättigtes Fett: 0g

•Cholesterin: 64mg

•Natrium: 738mg

•Kohlenhydrate: 44g

Geräucherte Türkei Patties

Zubereitungszeit: 20 Minuten

Kochzeit: 40 Minuten

Portionen: 6

Zutaten:

• 2 lbs. Putenhackfleisch

• 1/2 Tasse Petersilie fein gehackt

• 2-3 Tasse Zwiebel fein gehackt

• 1 rote Paprika fein gehackt

• 1 großes Ei bei Raumtemperatur

• Salz und Pfeffer nach Geschmack

• 1/2 TL trockener Oregano

• 1/2 TL trockener Thymian

Wegbeschreibungen:

1.In eine Schüssel, kombinieren Sie alle Zutaten gut.

2.Make aus der Mischung Patties.

3.Start Traeger Grill auf (empfohlenApfel oder Eiche Traeger)

Deckel offen, bis das Feuer festgestellt ist (4-5 Minuten).

Erhöhen Sie die Temperatur auf 350°F und lassen Sie

vorheizen, Deckel geschlossen, für 10 bis 15 Minuten.

4.Stellen Sie Patties auf die Gitterständer und kochen Sie mit

Deckel für 30 bis 40 Minuten bedeckt.

5.Ihre Putenpasteten sind bereit, wenn Sie eine Temperatur

von 130°FServe heiß erreichen.

Ernährung: Kalorien: 251 Arbs: 3.4g Fett: 12.5 Ballaststoffe:

0.9g Protein: 31.2g

Apple rauchte die Türkei

Zubereitungszeit: 30 Minuten

Kochzeit: 3 Stunden

Portionen: 5

Zutaten:

•4 Tassen Applewood Chips

•1 Frischer oder gefrorener Truthahn ca. 12 Pfund

•3 EL natives Olivenöl extra

•1 EL gehackter frischer Salbei

•2 und 1/2 TL koscheres Salz

•2 TL frisch gemahlener schwarzer Pfeffer

•1 und 1/2 TL Paprika

•1 TL gehackter frischer Thymian

•1 TL gehackter frischer Oregano

•1 TL Knoblauchpulver

•1 Tasse Wasser

•1/2 Tasse gehackte Zwiebel

•1/2 Tasse gehackte Karotten

•1/2 Tasse gehackter Sellerie

Wegbeschreibungen:

1.Die Hackschnitzel für ca. 1 Stunde ins Wasser einweichen;

dann sehr gut abtropfen lassen.

2.Entfernen Sie den Hals und die Giebel aus dem Truthahn;

reserveen und entsorgen Sie die Leber. Den Truthahn trocken

pat; dann schneiden Sie überschüssiges Fett und beginnen sie

an der Halshöhle

3.Lösen Sie die Haut von der Brust und dem Drumstick,

indem Sie Ihre Finger einsetzen und drücken Sie es sanft

zwischen das Fleisch und die Haut und heben Sie die

Flügelspitzen, dann über zurück und stecken Sie unter dem

Truthahn

4.Kombinieren Sie das Öl und die nächsten 7 Zutaten in einer

mittleren Schüssel und reiben Sie das Öl unter die Haut; dann

reiben Sie es über die Brüste und die Drumsticks

5.Binden Sie die Beine mit der Küchenschnur.

6.Pour 1 Tasse Wasser, die Zwiebel, die Karotten und den Sellerie in den Boden einer Aluminiumfolie Röstpfanne

7.Legen Sie das Röstgestell in eine Pfanne; dann den Truthahn mit der Brustseite über ein Röstgestell anordnen; dann bei Raumtemperatur ca. 1 Stunde stehen lassen

8.Entfernen Sie das Grillgestell; dann den Holzkohle-Rauchergrill auf mittlere Hitze vorheizen.

9.Nach dem Vorheizen des Rauchers auf eine Temperatur von ca. 225°F Legen Sie 2 Tassen Hackschnitzel auf das Heizelement auf der rechten Seite.

10.Ersetzen Sie das Grillgestell; dann die Bratpfanne mit dem Truthahn über den Grillständer über den linken Brenner legen.

11.Bedecken und rauchen Sie für ca. 3 Stunden und drehen Sie das Huhn auf halbem Weg durch die Garzeit; dann fügen Sie die restlichen 2 Tassen Hackschnitzel auf halbem Weg durch die Garzeit.

12.Stellen Sie den Truthahn über ein Schneidebrett; dann ca.

30 Minuten stehen lassen

13.Entsorgen Sie die Putenhaut; dann servieren und genießen

Sie Ihr Gericht!

Ernährung: Kalorien: 530 Fett: 22g Kohlenhydrate: 14g

Protein: 41g Ballaststoffe: 2g

Thanksgiving Dinner Türkei

Zubereitungszeit: 15 Minuten

Kochzeit: 4 Stunden Portionen: 16

Zutaten:

• 1/2 lb. Butter, weich

• 2 EL frischer Thymian, gehackt

• 2 EL frischer Rosmarin, gehackt

• 6 Knoblauchzehen, zerkleinert

• 1 (20-lb.) ganze Pute, Hals und Giebel entfernt

• Salz und gemahlener schwarzer Pfeffer

Wegbeschreibungen:

1.Stellen Sie die Temperatur des Grills auf 300°F und

vorheizen Sie mit einem geschlossenen Deckel für 15 Min. mit

Holzkohle.

2.In eine Schüssel, butter, frische Kräuter, Knoblauch, Salz

und schwarzen Pfeffer geben und gut vermischen.

3.Trennen Sie die Putenhaut von der Brust, um eine Tasche zu

erstellen.

4.Füllen Sie die Brusttasche mit einer 1/4-Zoll dicken Schicht Buttermischung.

5.Pute mit Salz und schwarzem Pfeffer würzen.

6.Ordnen Sie den Truthahn auf den Grill und kochen für 3-4 Stunden.

7.Entfernen Sie den Truthahn vom Grill und legen Sie auf ein Schneidebrett für ca. 15-20 Min. vor dem Schnitzen.

8.Schneiden Sie den Truthahn in gewünschte Stücke und servieren.

Ernährung: Kalorien: 965 Kohlenhydrate: 0.6 Protein: 106.5g Fett: 52g Zucker: 0g Natrium: 1916mg Ballaststoffe: 0.2g

Rezept Ersatzrippen

Zubereitungszeit: 15 Minuten

Kochzeit: 2 Stunden

Portionen: 4

Zutaten:

•Ersatzrippen

•1500 Gramm Spareribs

•2 EL Senf

•3 EL. Mutter alle reibt

•4 EL. Cola BBQ Sauce

•25 Gramm Butter

Vorräte:

•4 Aluminiumbehälter

•BBQ mit Deckel

•2 Stücke rauchende Holzapfel

•Aluminiumfolie

Wegbeschreibungen:

1.Spülen Sie die Rippen gut, klopfen Sie sie trocken und entfernen Sie das Vlies. Stellen Sie sicher, dass Sie dafür ein praktisches Messer verwenden (kein scharfer Punkt). Machen Sie eine Öffnung, indem Sie das Messer zwischen die Vliese schieben und das Vlies vorsichtig entwirren.

2.Verwenden Sie Ihre Finger dafür, aber Sie können auch das Messer verwenden. Stellen Sie sicher, dass Sie das Fleisch selbst nicht beschädigen, indem Sie Ihr Messer nur entlang des Knochens laufen (und nicht zusammen mit dem Fleisch).

3.Schneiden Sie lose Stücke von Fleisch und Fett an der Spitze und schneiden Sie die Rippen in die Hälfte.

4.Mantel den Boden mit Senf und bestreuen mit der Hälfte der Reibe. Die Rippen umdrehen und die Oberseite mit Senf fetten und mit der anderen Hälfte des Reibens bestreuen.

5.Bereiten Sie den Grill für indirektes Grillen bei einer Temperatur von 110°. Fügen Sie das rauchende Holz zu den Kohlen hinzu, sobald der Grill auf Temperatur ist.

6.Stellen Sie die Rippen auf den Grill (den indirekten Teil) und rauchen Sie die Rippen für etwa eine Stunde.

7.Legen Sie die Rippen alle in einen separaten Aluminium-Behälter, fügen Sie einen kleinen Knopf Butter und wickeln Sie die Behälter fest mit Aluminiumfolie, so dass keine Luft mehr erreichen kann.

8.Stellen Sie die Rippen in den Schalen auf dem Grill für weitere zwei Stunden.

9.Entfernen Sie die Rippen aus den Behältern und legen Sie sie auf dem Drahtgestell auf dem indirekten Teil für weitere 20 Minuten und bürsten Sie die Rippen mit Barbecue-Sauce.

10.Bereit und genießen!

Tipp:

Für alle, die es vorziehen, kein Schweinefleisch zu essen, können Sie auch die Ersatzrippen durch Kalbsersatzrippen ersetzen. Diese sind etwas weniger Fett, haben aber auch einen sehr schmackhaften Geschmack.

Ernährung:

- Kalorien: 167 Fett: 20g

- Kohlenhydrate: 24g Faser: 1.3 g

- Protein: 12.1g

Gemüse und vegetarische Rezepte

Traeger gegrillter Spargel und Honig glasierte Karotten

Zubereitungszeit: 15 Minuten

Kochzeit: 35 Minuten

Portionen: 5

Zutaten:

• 1 Bund Spargel, getrimmte Enden

• 1 Pfund Karotten, geschält

• 2 EL Olivenöl

• Meersalz nach Geschmack

• 2 EL Honig

• Zitronenschale

Wegbeschreibungen:

1.Bestreuen Sie den Spargel mit Öl und Meersalz. Die Karotten mit Honig und Salz betränkt.

2.Den Traeger auf 165°F vorheizen, wenn der Deckel 15 Minuten geschlossen ist.

3.Die Karotten in den Traeger geben und 15 Minuten kochen.

Spargel hinzufügen und 20 Minuten oder bis zum

Durchkochen kochen.

4.Top die Karotten und Spargel mit Zitronenschale. Genießen.

Ernährung:

•Kalorien: 1680 Fett: 30g gesättigte Fettsäuren: 2g

•Kohlenhydrate: 10g Net Carbs: 10g

•Protein: 4g Natrium: 514mg

Traeger Gegrilltes Gemüse

Zubereitungszeit: 5 Minuten

Kochzeit: 15 Minuten

Portionen: 8

Zutaten:

•1 Veggie-Tablett

•1/4 Tasse Pflanzenöl

•2 EL Veggie-Gewürz

Wegbeschreibungen:

1.Den Traeger-Grill auf 375°F vorheizen

2.Das Gemüse in Öl zu bringen und dann auf eine

Blechpfanne legen.

3.Sprinkle mit Veggie-Gewürz dann auf dem heißen Grill

platzieren.

4.Grill für 15 Minuten oder bis das Gemüse gekocht sind

5.Lassen Sie ruhe dann dienen. Genießen.

Ernährung:

•Kalorien: 44

- Fett: 5g

- Gesättigtes Fett: 0g

- Kohlenhydrate: 1g

- Netto Kohlenhydrate: 1g

- Natrium: 36mg

- Kalium: 10mg

Georgia Sweet Onion Bake

Zubereitungszeit: 10 Minuten Kochzeit: 30 Minuten

Portionen: 4 Zutaten:

• 4 große Vidalia oder andere süße Zwiebeln

• 8 EL (1 Stock) ungesalzene Butter, geschmolzen

• 4 Hähnchenbouillonwürfel

• 1 Tasse geriebener Parmesankäse

Wegbeschreibungen:

1. Beliefern Sie Ihren Raucher mit Traeger und folgen Sie dem spezifischen Anlaufverfahren des Herstellers. Vorheizen, mit geschlossenem Deckel, auf 350°F.

2. Mantel eine hochseitige Backform mit Kochspray oder Butter.

3. Schälen Sie die Zwiebeln und schneiden Sie sie in Viertel, sie in einzelne Blütenblätter zu trennen.

4. Die Zwiebeln in der vorbereiteten Pfanne verteilen und die geschmolzene Butter darüber gießen.

5.Crush die Bouillon Würfel und streuen über die butterigen

Zwiebelstücke, und dann mit dem Käse top.

6.Übertragen Sie die Pfanne auf den Grill, schließen Sie den

Deckel, und rauchen Sie für 30 Minuten. Entfernen Sie die

Pfanne vom Grill, decken Sie fest mit Aluminiumfolie, und

stecken Sie mehrere Löcher überall, um zu entlüften.

7.Stellen Sie die Pfanne wieder auf den Grill, schließen Sie den

Deckel und rauchen Sie für weitere 30 bis 45 Minuten.

8.Entdecken Sie die Zwiebeln, rühren, und servieren heiß.

Ernährung: Kalorien: 50 Kohlenhydrate: 4g Ballaststoffe: 2g

Fett: 2.5g Protein: 2g

Gebratenes Okra

Zubereitungszeit: 10 Minuten Kochzeit: 30 Minuten

Portionen: 4 Zutaten:

• 1-Pfund-Ganzes Okra

• 2 EL natives Olivenöl extra

• 2 TL gewürztes Salz

• 2 TL frisch gemahlener schwarzer Pfeffer

Wegbeschreibungen:

1.Beliefern Sie Ihren Raucher mit Traeger und folgen Sie dem spezifischen Anlaufverfahren des Herstellers. Vorheizen, mit geschlossenem Deckel, auf 400°F. Alternativ können Sie Ihren Ofen auf 400°F vorheizen.

2.Line eine flache randierte Backform mit Aluminiumfolie und Mantel mit Kochspray.

3.Ordnen Sie das Okra auf der Pfanne in einer einzigen Schicht an. Mit dem Olivenöl beträufeln, sich zum Anschichten drehen. Von allen Seiten mit Salz und Pfeffer abschmecken.

4.Stellen Sie die Backform auf den Grillrost, schließen Sie den Deckel und rauchen Sie für 30 Minuten, oder bis knusprig und leicht verkohlt. Alternativ im Ofen für 30 Minuten rösten.

5.Serve heiß.

Rauchertipp: Egal, ob Sie dieses Okra im Ofen oder in Ihrem Traeger-Grill herstellen, achten Sie darauf, den Ofen oder die Kochkammer vollständig vorzuheizen, um die besten Ergebnisse zu erzielen.

Ernährung: Kalorien: 150 Kohlenhydrate: 15 g Protein: 79 g Natrium: 45 mg Cholesterin: 49 mg

Fisch & Meeresfrüchte
Rezepte

Gegrillter Calamari mit Senf Oregano und Petersiliensauce

Zubereitungszeit: 10 Minuten

Kochzeit: 35 Minuten

Portionen: 6

Zutaten:

•8 Calamari, gereinigt

•2 Tassen Milch

•Sauce

•4 TL süßer Senf

•Saft aus 2 Zitronen

•1/2 Tasse Olivenöl

•2 EL frischer Oregano, fein gehackt

•Pfeffer, gemahlen

•1/2 Bund Petersilie, fein gehackt

Unverträglichkeiten:

•Glutenfrei

•Eifrei

• Laktosefrei

Wegbeschreibungen:

1.Reinigen Sie Calamari gut und schneiden Sie in Scheiben.

2.Stellen Sie Calamari in einem großen Metallbogen,

Abdeckung, und marinieren mit Milch über Nacht.

3.Entfernen Sie Calamari aus der Milch und abtropfen lassen

Sie gut auf einem Papiertuch. Den Fisch leicht mit Olivenöl

fetten.

4.In eine Schüssel, kombinieren Senf und den Saft aus den

beiden Zitronen.

5.Schlagen Sie leicht und gießen Sie das Olivenöl sehr

langsam; rühren, bis alle Zutaten gut kombiniert sind.

6.Fügen Sie den Oregano und Pfeffer und rühren Sie gut.

7.Starten Sie den Traeger-Grill und stellen Sie die Temperatur

auf mäßig; Vorheizen, Deckel geschlossen, für 10 bis 15

Minuten.

8.Stellen Sie die Calamari auf dem Grill und kochen für 2-3 Minuten pro Seite oder bis es ein wenig Von Char hat und vom Grill entfernen.

9.Transfer Calamari auf Servierplatte und gießen Sie sie mit Senfsauce und gehackte Petersilie.

Ernährung:

• Kalorien: 212

• Fett: 19g

• Cholesterin: 651mg

• Kohlenhydrate: 7g

• Protein: 3g

Gegrillter Tintenfisch mit Spinat und Pinienkernen Salat

Zubereitungszeit: 15 Minuten

Kochzeit: 30 Minuten

Portionen: 6

Zutaten:

- 1/2 Tasse Olivenöl

- 1 EL Zitronensaft

- 1 TL Oregano

- Pinch Salz

- 8 große Tintenfische, gereinigt

- Spinat, Pinienkerne, Olivenöl und Essig zum Servieren

Unverträglichkeiten:

- Glutenfrei

- Eifrei

- Laktosefrei

Wegbeschreibungen:

1.Bereiten Sie die Marinade mit Olivenöl, Zitronensaft, Oregano und einer Prise Salzpfeffer (Vorsicht, Tintenfische brauchen nicht zu viel Salz).

2.Stellen Sie den Tintenfisch in die Marinade, zu bedecken, gleichmäßig zu decken. Bedecken und für ca. 1 Stunde marinieren.

3.Entfernen Sie den Tintenfisch aus der Marinade und klopfen Sie sie auf ein Papiertuch.

4.Starten Sie den Traeger-Grill, und stellen Sie die Temperatur auf hoch, und vorheizen, Deckel geschlossen, für 10 bis 15 Minuten.

5.Grill die Tintenfische für nur 3 - 4 Minuten auf jeder Seite.

6.Servieren Sie heiß mit Spinat, Pinienkernen, Olivenöl und Essig.

Ernährung:

•Kalorien: 299

•Fett: 19g

•Cholesterin: 186mg

- Kohlenhydrate: 3g

- Protein: 28g

Gegrillte Dijon Zitronen Welsfilets

Zubereitungszeit: 15 Minuten

Kochzeit: 25 Minuten

Portionen: 6

Zutaten:

• 1/2 Tasse Olivenöl

• Saft 4 Zitronen

• 2 EL. Dijon-Senf

• 1/2 TL Salz

• 1 TL Paprika

• Frischer Rosmarin gehackt

• 4 Welsfilets, 1/2 Zoll dick

Unverträglichkeiten:

• Glutenfrei

• Eifrei

• Laktosefrei

Wegbeschreibungen:

1.Stellen Sie die Temperatur auf Mittel und vorheizen, Deckel geschlossen, für 10 bis 15 Minuten.

2.Whisk das Olivenöl, Zitronensaft, Senf, Salz, Paprika und gehackten Rosmarin in einer Schüssel.

3.Bürsten Sie eine Seite jedes Fischfilets mit der Hälfte der Olivenöl-Zitronen-Mischung; mit Salz und Pfeffer abschmecken.

4.Grill filet, bedeckt, 4 bis 5 Minuten. Filets drehen und mit der restlichen Olivenöl-Zitronen-Mischung bürsten.

5.Grill 4 bis 5 Minuten mehr (nicht abdecken).

6.Fischfilets auf eine Servierplatte nehmen, mit Rosmarin bestreuen und servieren.

Ernährung:

• Kalorien: 295

• Fett: 24g

• Cholesterin: 58mg

• Kohlenhydrate. 3g

• Protein: 16g

Gegrillte Heilbuttfilets in Chili Rosemary Marinade

Zubereitungszeit: 15 Minuten

Kochzeit: 55 Minuten

Portionen: 6

Zutaten:

- 1 Tasse natives Olivenöl

- 2 große rote Chilischoten, gehackt

- 2 Knoblauchzehen, in Viertel geschnitten

- 1 Lorbeerblatt

- 1 Zweig Rosmarin

- 2 Zitronen

- 4 EL weißer Essig

- 4 Heilbuttfilets

Unverträglichkeiten:

- Glutenfrei

- Eifrei

- Laktosefrei

Wegbeschreibungen:

1.In einen großen Behälter, mischen Olivenöl, gehackte rote Chili, Knoblauch, Lorbeerblatt, Rosmarin, Zitronensaft und weißen Essig.

2.Untertauchen Heilbutt Filets und werfen gut zu kombinieren.

3.Cover und marinieren im Kühlschrank für mehrere Stunden oder über Nacht.

4.Entfernen Sie Sardellen aus Marinade und klopfen Sie trocken auf Papiertücher für 30 Minuten.

5.Starten Sie den Traeger-Grill, stellen Sie die Temperatur auf Medium, und vorheizen, Deckel für 10 bis 15 Minuten geschlossen.

6.Grill die Sardellen, Haut Seite nach unten für etwa 10 Minuten, oder bis das Fleisch des Fisches weiß wird (dünnere Schnitte und Filets können in so wenig Zeit wie 6 Minuten kochen).

7.Drehen Sie einmal während des Kochens, um zu vermeiden, dass der Heilbutt auseinanderfällt.

8.Transfer auf eine große Servierplatte, gießen Sie ein wenig Zitronensaft über den Fisch, bestreuen Sie mit Rosmarin und servieren.

Ernährung:

•Kalorien: 259

•Fett: 4g

•Cholesterin: 133mg

•Kohlenhydrate: 5g

•Protein: 51g

Gegrillter Hummer mit Zitronenbutter und Petersilie

Zubereitungszeit: 15 Minuten

Kochzeit: 40 Minuten

Portionen: 4

Zutaten:

- 1 Hummer (oder mehr)

- 1/2 Tasse frische Butter

- 2 Zitronensaft (frisch gepresst)

- 2 EL Petersilie

- Salz und frisch gemahlener Pfeffer nach Geschmack

Unverträglichkeiten:

- Glutenfrei

- Eifrei

Wegbeschreibungen:

1. Verwenden Sie einen Topf groß genug, um die Hummer zu halten und füllen Sie Wasser und Salz. Zum Kochen bringen und Hummer einstecken. Kochen Sie für 4 - 5 Minuten.

2.Entfernen Sie Hummer auf die Arbeitsfläche.

3.Ziehen Sie den Körper an die Basis des Kopfes und teilen Sie den Kopf.

4.Fest halten Sie den Körper, mit dem Bauch nach oben, und mit einem scharfen Messer schneiden Sie ihn entlang in der Mitte.

5.Starten Sie Ihren Traeger-Grill mit geöffnetem Deckel, bis das Feuer hergestellt ist (4 bis 5 Minuten). Stellen Sie die Temperatur auf 350oF und vorheizen, Deckel für 10 bis 15 Minuten geschlossen.

6.Die Butter schmelzen und mit Zitronensaft, Petersilie, Salz und Pfeffer schlagen. Buttermischung über Hummer verteilen und direkt auf einen Grillrost legen.

7.Grill Hummer schneiden Seite nach unten etwa 7 - 8 Minuten, bis die Schalen hell in der Farbe sind (auch, hängt von ihrer Größe).

8.Drehen Sie den Hummer um und bürsten Sie mit Buttermischung. Grill für weitere 4 - 5 Minuten.

9.Servieren Sie heiß mit Zitronenbutter und Petersilie fein

gehackt.

Ernährung:

•Kalorien: 385

•Fett: 24g

•Cholesterin: 346mg

•Kohlenhydrate: 2g

•Protein: 37g

Gegrillte Forelle in Weißwein und Petersilienmarinade

Zubereitungszeit: 20 Minuten

Kochzeit: 45 Minuten

Portionen: 4

Zutaten:

• 1/4 Tasse Olivenöl

• 1 Zitronensaft

• 1/2 Tasse Weißwein

• 2 Knoblauchzehen gehackt

• 2 EL frische Petersilie, fein gehackt

• 1 TL frisches Basilikum, fein gehackt

• Salz und frisch gemahlener schwarzer Pfeffer nach Geschmack

• 4 Forellenfische, gereinigt

• Zitronenscheiben zum Garnieren

Unverträglichkeiten:

• Glutenfrei

- Eifrei

- Laktosefrei

Wegbeschreibungen:

1.In einen großen Behälter, rühren Olivenöl, Zitronensaft, Wein, Knoblauch, Petersilie, Basilikum und Salz, und frisch gemahlenen schwarzen Pfeffer nach Geschmack.

2.Tauchen Sie Fisch in Sauce und werfen, um gut zu kombinieren.

3.Cover und marinieren in Kühlübernacht.

4.Wenn bereit zu kochen, starten Sie den Traeger Grill auf Rauch mit dem Deckel für 4 bis 5 Minuten geöffnet. Stellen Sie die Temperatur auf 400oF und vorheizen, Deckel geschlossen, für 10 bis 15 Minuten.

5.Entfernen Sie den Fisch aus der Marinade und klopfen Sie trocken auf ein Papiertuch; Reserve Marinade.

6.Grill Forelle für 5 Minuten von beiden Seiten (achten Sie darauf, den Fisch nicht zu überkochen).

7.Pour Fisch mit Marinade und servieren heiß mit

Zitronenscheiben.

Ernährung:

•Kalorien: 267

•Fett: 18g

•Kohlenhydrate: 3g

•Protein: 16g

Rub und Saucen Rezepte

Geräucherte Sriracha Sauce

Zubereitungszeit: 10 Minuten Kochzeit: 1 Stunde

Portionen: 2 Zutaten:

•1 lb. Fresno Chilis Stamm abgezogen und Samen entfernt

•1/2 Tasse Reisessig

•1/2 Tasse Rotweinessig

•1 Karotte, mittel und in Runden geschnitten, 1/4 Zoll

•1-1/2 EL Zucker, dunkelbraun

•4 Knoblauchzehen, geschält

•1 EL Olivenöl

•1 EL koscheres Salz

•1/2 Tasse Wasser

Wegbeschreibungen:

1.Rauch Chilischoten in einem Raucher für etwa 15 Minuten.

2.Bring zu kochen beide Arten von Essig dann Karotten, Zucker und Knoblauch hinzufügen. Etwa 15 Minuten köcheln lassen, während sie abgedeckt sind. 30 Minuten abkühlen lassen.

3.Die Chilischoten, Olivenöl, Essig-Gemüse-Mischung, Salz

und 1/4 Tasse Wasser in einen Mixer geben.

4.Blend für ca. 1-2 Minuten auf hoch. Fügen Sie das restliche

Wasser hinzu und mischen Sie es erneut. Sie können eine

weitere 1/4 Tasse Wasser hinzufügen, wenn Sie Ihre Sauce

dünner wollen. Gießen Sie die Sauce in Gläser und legen Sie

in einen Kühlschrank. Dienen.

Ernährung: Kalorien: 147 Fett: 5.23g Kohlenhydrate: 21g

Rotin: 3g

Faser: 3g

Käse und Brot

Traeger Grill Huhn Fladenbrot

Zubereitungszeit: 5 Minuten

Kochzeit: 30 Minuten

Portionen: 6

Zutaten:

• 6 Minibrote

• 1-1/2 Tassen geteilte Büffelsauce

• 4 Tassen gekochte und gewürfelte Hähnchenbrust

• Zum Nieselregen: Mozzarella-Käse

Wegbeschreibungen:

1. Vorheizen Sie Ihren Traeger-Grill auf 375 - 400°F.

2. Legen Sie die Brote auf eine Oberfläche, flach, und dann

gleichmäßig verteilen 1/2 Tasse Büffelsauce auf alle Brote.

3. Toss zusammen Hühnerbrüste und 1 Tasse Büffelsauce

dann über alle Stücke Von Brot gleichmäßig.

4.Top jeweils mit Mozzarella-Käse.

5.Stellen Sie die Brotstücke direkt auf den Grill, aber über

indirekte Hitze. Schließen Sie den Deckel.

6.Cook für etwa 5-7 Minuten, bis leicht toasty Kanten, Käse

geschmolzen und voll gehasst es Huhn. Entfernen und

nieselen mit Ranch oder Blaukäse. Genießen!

Ernährung:Kalorien: 346 Fett: 7.6g Gesättigte Fettsäuren: 2g

Kohlenhydrate: 33.9g Netto Kohlenhydrate: 32.3g Protein:

32.5g Zucker: 0.8g Ballaststoffe: 1.6g Natrium: 642mg

Low Carb Mandelmehl Brot

Zubereitungszeit: 10 Minuten

Kochzeit: 1 Stunde 15 Minuten

Portionen: 24 Scheiben

Zutaten:

• 1 TL Meersalz oder nach Geschmack

• 1 EL Apfelessig

• 1/2 Tasse warmes Wasser

• 1/4 Tasse Kokosöl

• 4 große Eier (geschlagen)

• 1 EL glutenfreies Backpulver

• 2 Tasse blanchiertes Mandelmehl

• 1/4 Tasse Psyllium Schalenpulver

• 1 TL Ingwer (optional)

Wegbeschreibungen:

1. Den Grill auf 350°F vorheizen, wenn der Deckel 15 Minuten geschlossen ist.

2.Line eine 9 mal 5-Zoll-Laib-Pfanne mit Pergamentpapier. Beiseite.

3.Kombinieren Sie den Ingwer, Psyllium Schalenpulver, Mandelmehl, Salz, Backpulver in einer großen Rührschüssel.

4.In eine weitere Rührschüssel, mischen Sie Kokosöl, Apfelessig, Eier und warmes Wasser. Mischen Sie gründlich.

5.Gradually gießen Sie die Mehlmischung in die Eimischung, unter Rühren, wie Sie gießen. Rühren, bis es einen glatten Teig bildet.

6.Füllen Sie die gefütterte Laibpfanne mit dem Teig und bedecken Sie den Teig mit Aluminiumfolie.

7.Stellen Sie die Laibpfanne direkt auf den Grill und backen Sie für ca. 1 Stunde oder bis ein Zahnstocher oder Messer in der Mitte des Brotes eingeführt kommt sauber heraus.

Ernährung:

•Kalorien: 93

•Fett: 7.5g

•Gesättigtes Fett: 2.6g

- Cholesterin: 31mg

- Natrium: 139mg

- Kohlenhydrate: 3.6g

- Faser: 2.2g

- Zucker: 0.1g

- Protein: 3.1g

Nuss, Obst und Dessert

Apple Pie Grill

Zubereitungszeit: 20 Minuten

Kochzeit: 30 Minuten

Portionen: 4

Zutaten:

• 1/4 Tasse Zucker

• 4 Äpfel, in Scheiben geschnitten

• 1 EL Maisstärke

• 1 TL Zimt, gemahlen

• 1pie Kruste, Kühlschrank, erweichen in entsprechend den Anweisungen auf der Box

• 1/2 Tasse Pfirsich, Konserven

Wegbeschreibungen:

1.Vorheizen Sie Ihren Raucher auf 375°F, den geschlossenen Deckel

2.Nehmen Sie eine Schüssel und fügen Sie Zimt, Maisstärke, Äpfel und halten Sie es auf der Seite

3.Platz Piecrust in Kuchenpfanne und Verteilen Konserven, platzieren Äpfel

4.Falten Kruste leicht

5.Platz Pfanne auf Ihrem Raucher (umgedreht), Rauch für 30-40 Minuten

6.Einmal fertig, lassen Sie es ruhen

7.Serve und genießen!

Ernährung: Kalorien: 160 Fette: 1g Kohlenhydrate: 35g

Ballaststoffe: 1g

Gegrilltes Obst mit Sahne

Zubereitungszeit: 15 Minuten

Kochzeit: 10min Portionen: 4 - 6

Zutaten:

•2 halbierte Aprikosen

•1 halbierte Nektarine

•1 halbierte Pfirsiche

•1/4 Tasse Heidelbeeren

•1/2 Tasse Himbeeren

•2 EL. Honig

•1 Orange, die Schale

•2 Tassen Creme

•1/2 Tasse Balsamico-Essig

Wegbeschreibungen:

1.Den Grill mit einem geschlossenen Deckel auf 400°F

vorheizen.

2.Grill die Pfirsiche, Nektarinen und Aprikosen für 4 Minuten

auf jeder Seite.   Legen Sie eine Pfanne über den Herd und

schalten Sie mittlere Wärme ein. 2 EL Honig, Essig und

Orangenschale zugeben. Simmern bis mitteldick. Honig und

Sahne in eine Schüssel geben. Peitsche, bis sie eine weiche

Form erreicht.

3.Stellen Sie die Früchte auf eine Servierplatte. Mit Beeren

bestreuen. Nieselregen mit Balsamico-Reduktion.

4.Serve mit Sahne.

Ernährung: Kalorien: 230 Protein: 3g Ballaststoffe: 0g

Kohlenhydrate: 35g Fett: 3g

Lamm Rezepte

Klassische Lammkoteletts

Zubereitungszeit: 10 Minuten

Kochzeit: 30 Minuten

Portionen: 4

Zutaten

• Traeger-Geschmack: Erle

• 4 (8-Unze) Knochen-in Lammkoteletts

• 2 EL Olivenöl

• 1 Charge Rosmarin-Knoblauch Lamm Würze

Wegbeschreibungen:

1. Beliefern Sie Ihren Raucher mit Traeger und folgen Sie dem spezifischen Anlaufverfahren des Herstellers. Den Grill auf 350°F vorheizen. Schließen Sie den Deckel

2. Reiben Sie das Lamm großzügig mit Olivenöl und beschichten Sie es auf beiden Seiten mit der Würze.

3. Put die Koteletts direkt auf den Grill rost und grillen, bis ihre Innentemperatur erreicht 145°F. Entfernen Sie das Lamm vom Grill und servieren Sie es sofort.

Ernährung:

- Kalorien: 50

- Kohlenhydrate: 4g

- Faser: 2g

- Fett: 2.5g

- Protein: 2g

Gebratenes Lammbein

Zubereitungszeit: 15 Minuten

Kochzeit: 1-2 Stunden

Portionen: 4

Zutaten:

• Traeger-Geschmack: Hickory

• 1 (6- bis 8-Pfund) knochenloses Lammbein

• 2 Chargen Rosmarin-Knoblauch Lamm Würzung

Wegbeschreibungen:

1.Beliefern Sie Ihren Raucher mit Traeger und folgen Sie dem spezifischen Anlaufverfahren des Herstellers. Den Grill auf 350°F vorheizen. Schließen Sie den Deckel

2.Mit Ihren Händen, reiben Sie das Lammbein mit der Würze, reiben Sie es unter und um jedes Netz.

3.Put das Lamm direkt auf den Grill Rost und rauchen, bis seine Innentemperatur erreicht 145°F.

4.Nehmen Sie das Lamm vom Grill und lassen Sie es für 20 bis 30 Minuten ruhen, bevor Sie das Netz, Schneiden und Servieren.

Ernährung:

•Kalorien: 50

•Kohlenhydrate: 4g

•Faser: 2g

•Fett: 2.5g

•Protein: 2g

Geräucherte Lammwurst

Zubereitungszeit: 2 Stunden

Kochzeit: 6 Stunden

Portionen: 6

Zutaten:

Traegers:

• 1 TL Kreuzkümmel

• 1/2 TL Cayennepfeffer

• 1 EL Petersilie

• 1 TL schwarzer Pfeffer

• 1 Hog Gehäuse

• 1 EL Knoblauch

• 1 TL Paprika

• 2 EL Salz

• 2 EL Fenchel, gewürfelt

• 1 EL Koriander

• 2 lbs. Lammschultern

• Kirsche

Joghurtsauce:

•3 Tasse Joghurt

•Zitronensaft nach Geschmack

•1 Knoblauchzehe, gehackt

•Salz und Pfeffer

•1 Gurke, gewürfelt

•1 Zwiebel, gehackt

Wegbeschreibungen:

1.Das Lamm in Stücke schneiden, bevor sie das Fleisch in

einem Fleischwolf mahlen.

2.Mischen Sie das Lamm mit allen Gewürzen und kühlen.

3.Dann verwenden Sie ein Wursthorn, um das

Schweinegehäuse zu befestigen und beginnen, die Wurst

durch den Schleifer und in das Gehäuse zu schieben, in

Glieder verdrehen. Machen Sie Löcher im Gehäuse vor dem

Kühlen.

4.Mix alle Zutaten für die Joghurtsauce und beiseite stellen.

5.Wenn sie bereit zum Kochen sind, stellen Sie Ihren Raucher auf 225F und vorheizen.

6.Legen Sie die Wurst auf den Grill und rauchen Sie sie für eine Stunde.

7.Dann nehmen Sie die Glieder vom Grill und erhöhen Sie die Temperatur des Grills auf 500°F.

8.Put die Links wieder auf dem Grill für 5 Minuten auf jeder Seite, und dann mit der Joghurtsauce servieren.

Ernährung:

•Kalorien: 50

•Kohlenhydrate: 4g

•Faser: 2g

•Fett: 2.5g

•Protein: 2g

Vorspeisen und Seiten

Speck Cheddar Slider

Zubereitungszeit: 30 Minuten

Kochzeit: 15 Minuten

Portionen: 6-10 (je 1-2 Schieberegler als Vorspeise)

Empfohlener Traeger: Optional

Zutaten:

•1 Pfund Hackfleisch (80% mager)

•1/2 TL Knoblauchsalz

•1/2 TL Salz

•1/2 TL Knoblauch

•1/2 TL Zwiebel

•1/2 TL schwarzer Pfeffer

•6 Speckscheiben, halbiert

•1/2Tasse Mayonnaise

•2 TL cremiges Wasabi (optional)

•6 (1 Unzen) in Scheiben geschnittener scharfer Cheddar-

Käse, halbiert (optional)

•Geschnittene rote Zwiebel

•1/2 Tasse in Scheiben geschnitten koschere Dill Gurken

•12 Mini-Stücke Brot horizontal in Scheiben geschnitten

•Ketchup

Wegbeschreibungen:

1.Legen Sie gemahlenes Rindfleisch, Knoblauchsalz, gewürztes Salz, Knoblauchpulver, Zwiebelpulver und schwarzen Pfeffer in eine mittlere Schüssel.

2.Teilen Sie die Fleischmischung in 12 gleiche Teile, Form in kleine dünne runde Patties (ca. 2 Unzen pro Stück) und speichern.

3.Kochen Sie den Speck bei mittlerer Hitze bei mittlerer Hitze für 5-8 Minuten, bis knusprig. Beiseite.

4.To die Sauce zubereiten, mayonnaise und Meerrettich in einer kleinen Schüssel mischen.

5.Richten Sie einen Traeger Rauchergrill für direktes Kochen ein, um Gitterzubehör zu verwenden. Wenden Sie sich an den Hersteller, um zu sehen, ob es ein Gitterzubehör gibt, das mit dem hölzernen Traeger-Rauchergrill funktioniert.

6.Sprühen Sie ein Kochspray auf die Rost-Kochoberfläche für beste Antihaft-Ergebnisse.

7.Vorheizen Traeger Rauchergrill auf 350°F mit ausgewählten Traegers. Die Gitteroberfläche sollte ca. 400°F betragen.

8.Grill enden den Beutel für jeweils 3-4 Minuten, bis die Innentemperatur 160°F erreicht.

9.Falls erforderlich, legen Sie eine scharfe Cheddar-Käse-Scheibe auf jede Patty, während die Patty auf dem Rost oder nachdem die Patty aus dem Rost entfernt wird. Legen Sie eine kleine Menge Mayonnaise-Mischung, eine Scheibe rote Zwiebel und eine Hamburger Pastete in die untere Hälfte jeder Rolle. Eingelegte Scheiben, Speck und Ketchup.

Ernährung:

• Kalorien: 379

• Kohlenhydrate: 11g

• Protein: 25g

• Fett: 21g

Gegrillte Pilzspieße

Zubereitungszeit: 5 Minuten

Kochzeit: 60 Minuten

Portionen: 6

Zutaten:

• 16 - oz. 1 Lb. Baby Portobello Pilze

Für die Marinade:

• 1/4 Tasse Olivenöl

• 1/4 Tasse Zitronensaft

• Kleine Handvoll Petersilie

• 1 TL Zucker

• 1 TL Salz

• 1/4 TL Pfeffer

• 1/4 TL Cayennepfeffer

• 1 bis 2 Knoblauchzehen

• 1 EL Balsamico-Essig

Was Sie brauchen:

• 10-Zoll-Bambus-/Holzspieße

Wegbeschreibungen:

1.Fügen Sie die Bohnen auf den Teller eines Lippenbehälters, in einer gleichmäßigen Schicht. Dusche die erweichte verteilt gleichmäßig aus lächerlich, und mit ein paar Zangen zärtlich schleudern die Bohnen mit der Margarine, bis rundum bedeckt.

2.Würzen Sie die Bohnen gleichmäßig und großzügig mit Salz und Pfeffer.

3.Den Raucher auf 275° vorheizen. Schließen Sie die Bohnen, und rauchen 3-4 Stunden, schleudern sie wie Uhrwerk oder bis zart verwelkt, und marginal in Flecken verkrümelt.

4.Spot 10 Medium klebt in eine Heizschale und mit Wasser verteilt. Es ist wichtig, die Stöcke für in jedem Fall 15 Minuten zu douse (mehr ist besser) oder sie werden zu schnell auf der Flamme Broil verbrauchen.

5.Spot den Großteil der Marinade Mischung in einem Nahrverarbelter und Herzschlag ein paar Mal, bis die Marinade ist fast glatt.

6.Flush Ihre Pilze und klopfen sie trocken. Schneiden Sie jeden Pilz in der Mitte, so dass jedes Stück die Hälfte des Pilzstamms hat.

7.Spot die Pilzteile in einem großen Gallonen-großen Ziploc-Sack oder eine mittlere Schüssel und gießen Sie in der Marinade. Schütteln Sie die Packung, bis die Mehrheit der Pilze gleichmäßig mit Marinade bedeckt sind. Kühlen und marinieren für 30 min bis 45 Min.

8.Vorheizen Sie Ihren Grill auf ca. 300°F

9.Die Pilze gemütlich auf die Bambus/Holzstäbe kleben, die dousing wurden (kein zwingender Grund, die Stöcke zu trocknen). Das Durchstechen der Pilze war von Anfang an etwas irritierend, bis ich den Dreh raus bekam.

10.Ich habe entdeckt, dass es am wenigsten anstrengend ist, sie zu kleben, indem man sie auf den Stock biegt. Für den Fall, dass Sie einfach den Stock durchfahren, könnte es den Pilz brechen.

11.Spot die durchbohrten Pilze auf dem heißen Grill für etwa 3 Min. für jede Seite, so dass die Pilze nicht die Flamme Masthähnchen verbrauchen. Die Pilze werden gemacht, wenn sie empfindlich sind; wie Pilze sein sollten.

12.Entfernen Sie vom Grill. Mit Folie verteilen, um sie warm zu halten, bis sie zum Servieren bereit sind

Ernährung:

• Kalorien: 230

• Kohlenhydrate: 10g

• Fett: 20g

• Protein: 5g

Caprese Tomatensalat

Zubereitungszeit: 5 Minuten

Kochzeit: 60 Minuten

Portionen: 4

Zutaten:

•3 Tassen halbierte bunte Kirschtomaten

•1/8 TL koscheres Salz

•1/2 Tasse frische Basilikumblätter

•1 EL natives Olivenöl extra

•1 EL Balsamico-Essig

•1/2 TL schwarzer Pfeffer

•1/4 TL koscheres Salz

•1 Unze gewürfelter frischer Mozzarella-Käse (ca. 1/3 Tasse)

Wegbeschreibungen:

1.Join Tomaten und 1/8 TL legitimes Salz in einer großen Schüssel.

2.Lassen Sie es für 5 Min. ruhen.

3.Include Basilikumblätter, Olivenöl, Balsamico-Essig, Pfeffer,

1/4 TL Fit Salz und Mozzarella; Werfen.

Ernährung:

• Kalorien: 80

• Fett: 5.8g

• Protein: 2g

• Carb 5g

• Zucker: 4g

Gegrillte Wassermelone

Zubereitungszeit: 10 Minuten

Kochzeit: 15 Minuten

Portionen: 4

Zutaten:

• 2 Limes

• 2 EL Öl

• 1/2 Wassermelone, in Keile geschnitten

• 1/4 TL. Pfefferflocken

• 2 EL. Salz

Wegbeschreibungen:

1. Den Grill mit einem geschlossenen Deckel zu hoch heizen.

2. Bürsten Sie die Wassermelone mit Öl. Grill für 15 Minuten.

Einmal umdrehen.

3. In einen Mixer die Salz- und Pfefferflocken vermischen, bis

sie kombiniert werden.

4. Übertragen Sie die Wassermelone auf eine Platte.

5. Serve und genießen!

Ernährung:

- Kalorien: 40

- Protein: 1g

- Kohlenhydrate: 10g

- Fett: 0 g

Traditionelle Rezepte

Crispy Duck

Zubereitungszeit: 15 Minuten

Kochzeit: 4 Stunden 5 Minuten

Portionen: 6

Zutaten:

• 3/4 Tasse Honig

• 3/4 Tasse Sojasauce

• 3/4 Tasse Rotwein

• 1 TL Paprika

• 1 1/2 EL Knoblauchsalz

• Gemahlener schwarzer Pfeffer, nach Bedarf

• 1 (5-Pfund) ganze Ente, Giebel entfernt und getrimmt

Wegbeschreibungen:

1. Vorheizen Sie den Traeger Grill & Smoker auf

Grilleinstellung auf 225-250°F.

2.In eine Schüssel, fügen Sie alle Zutaten außer Ente und mischen, bis gut kombiniert.

3.Mit einer Gabel, stechen Löcher in die Haut der Ente.

4.Mantel die Ente mit Honigmischung großzügig.

5.Arrange Ente in traeger Kiemen, Brustseite nach unten und kochen für ca. 4 Stunden, Beschichtung mit Honigmischung einnach 2 Stunden.

6.Entfernen Sie die Ente vom Grill und legen Sie sie auf ein Schneidebrett für etwa 15 Minuten vor dem Schnitzen.

7.Mit einem scharfen Messer, schneiden Sie die Ente in gewünschte Größe Stücke und servieren.

Ernährung:

Kalorien: 878

Fett: 52,1 g

Gesättigte Fettsäuren: 13.9 g

Cholesterin: 3341 mg

Natrium: 2300 mg

Kohlenhydrate: 45,4 g

Faser: 0,7 g

Zucker: 39,6 g

Protein: 51 g

Jerked Up Tilapia

Zubereitungszeit: 20 Minuten

Kochzeit: 45 Minuten

Servieren: 8

Zutaten:

- 5 Knoblauchzehen

- 1 kleine Zwiebel

- 3 Jalapeno Chiles

- 3 TL gemahlener Ingwer

- 3 EL hellbrauner Zucker:

- 3 TL getrockneter Thymian

- 2 TL Salz

- 2 TL gemahlener Zimt

- 1 TL schwarzer Pfeffer

- 1 TL Gemahlener Gewürz

- 1/4 TL Cayennepfeffer

- 4 -6 Unze Tilapia Filets

- 1/4 Tasse Olivenöl

•1 Tasse aufgeschnittene Karotten

•1 Bund ganze grüne Zwiebeln

•2 EL ganzer Gewürz

Wegbeschreibungen:

1.Nehmen Sie eine Mischschüssel und kombinieren Sie die

ersten 11 der aufgeführten Zutaten und pürieren Sie sie schön

mit Ihrem Mixer oder Lebensmittelverarbeiter

2.Fügen Sie die Fischstücke in eine große Reißverschlusstasche

und in die pürierte Mischung neben Olivenöl

3.Versiegeln Sie es und drücken Sie, um sicherzustellen, dass

der Fisch gut beschichtet ist

4.Lassen Sie es in Ihrem Kühlschrank für mindestens 30

Minuten bis 1 Stunde marinieren

5.Nehmen Sie Ihre Tropfpfanne und fügen Sie Wasser,

Abdeckung mit Aluminiumfolie. Vorheizen Sie Ihren Raucher

auf 225°F

6.Verwenden Sie Wasser füllen Wasser pfanne auf halbem Weg und legen Sie es über Tropfpfanne. Hackschnitzel in die Seitenschale geben

7.Nehmen Sie eine mittelgroße Schüssel und werfen in einigen Pecan-Holz-Chips und tränken Sie sie unter Wasser neben ganz Allspice

8.Vorbereiten Sie eine ausgezeichnete 9x 13-Zoll-Folienpfanne, indem Sie ein Dutzend Löcher stechen und mit Antihaft-Kochspray besprühen

9.Verteilen Sie die Karotten, grüne Zwiebeln über den Boden der Pfanne

10.Ordnen Sie die Fische auf ihnen

11.Stellen Sie den Behälter in Ihren Raucher

12.Rauch für ca. 45 Minuten und stellen Sie sicher, dass Sie alle 15 Minuten weitere Chips hinzufügen, bis die Innentemperatur des Fisches auf 145°Fahrenheit ansteigt

13.Serve heiß

Ernährung:

- Kalorien: 347

- Fette: 19g

- Kohlenhydrate: 18g

- Faser: 1g